Ingo Siegner

Der kleine Drache Kokosnuss bei den wilden Tieren

Ingo Siegner

Der kleine Drache Kokosnuss
bei den wilden Tieren

MIX
Papier | Fördert gute Waldnutzung
FSC® C043106

Penguin Random House Verlagsgruppe
FSC® N001967

8. Auflage

Umschlagbild und Innenillustrationen: Ingo Siegner
Lektorat: Hjördis Fremgen
Umschlagkonzeption: basic-book-design, Karl Müller-Bussdorf
hf · Herstellung: AJ
Satz und Reproduktion: Lorenz+Zeller GmbH, Inning a. A.
Druck: Grafisches Centrum Cuno GmbH & Co. KG, Calbe
ISBN 978-3-570-17422-7
Printed in Germany

www.cbj-verlag.de
www.drache-kokosnuss.de
www.youtube.com/drachekokosnuss

Inhalt

Ein Brief von Matilda

Im Wald am Fuße der Drachenberge sammeln der kleine Feuerdrache Kokosnuss, der Fressdrachenjunge Oskar und der Affenjunge Jojo Pilze für das Abendessen. Jojo ist ein Austauschschüler aus Afrika. Er trägt eine rote Brille auf der Nase und einen kleinen Rucksack auf dem Rücken. Vier Wochen verbringt er auf der Dracheninsel und soll in der Zeit etwas über das Leben der Drachen erfahren.

»Dies hier«, erklärt Oskar dem Affenjungen und hält einen großen Pilz in die Luft, »ist ein ›Heiliger Bimbam‹. T-o-t-a-l selten und superlecker!«

»Bei uns in Afrika«, sagt Jojo, »gibt es auch Pilze, aber ganz andere, und da, wo wir wohnen, in der Savanne, gibt es nur selten welche, weil es heiß ist und trocken, aber im Regenwald – botzi botzi Butterbrot – da gibt es Pilze, da kriegst du Glupschaugen, aber in den Regenwald gehen wir nur selten, weil der so weit weg ist und weil …«

»Jojo«, sagt Kokosnuss.
»Ja?«
»Beim Reden soll man zwischendurch Luft holen.«
»Genau«, sagt Oskar, »sonst ist das ungesund.«
»Das sagt meine Mama auch immer: Jojo, sagt sie, vergiss das Luftholen nicht, Reden ist Buschgras, Schweigen ist Banane, aber mein Papa …«
»Jojo«, sagt Kokosnuss.
»Ja?«
»Hast du deinen Bericht schon fertig?«
»Fast, ehm, m-mir fehlt nur noch das Interview mit einem großen Fressdrachen. Aber das ist kein Problem. Vor den Fressdrachen habe ich nämlich überhaupt keine Angst. Bei uns in der Savanne, da gibt's Löwen und Nashörner und die sind gefährlich hoch drei und …«
Plötzlich erzittert der Erdboden, zwei Bäume knicken wie Streichhölzer zur Seite und ein Schatten fällt auf die drei kleinen Pilzsammler.
»Wer ist gefährlich hoch drei?«, fragt ein riesiger Fressdrache und beugt sich zu dem Affenjungen hinab. Jojo schluckt.

»Papa«, sagt Oskar. »Jojo braucht von dir noch ein paar Auskünfte für seinen Bericht. Da wäre es ganz blöd, wenn du ihn vorher fressen würdest.«

»Was für Auskünfte?«, brummt Herbert.

»G-Größe, z-zum B-Beispiel«, stottert Jojo, »A-Alter, G-Gewicht, L-Lieblingsessen, Lieblingstier ...«

»OCHSE!«, blafft Herbert den kleinen Affen an.

»W-Wie?«

»Lieblingstier: OCHSE«, sagt Herbert und fletscht seine vielen spitzen Zähne. »Lieblingsessen: kleine AFFEN, höhö.«

Jojo zuckt zusammen und zittert wie ein Gürkchen.

»Aber Herr Ohnesorge«, sagt Kokosnuss. »Ihr Lieblingsessen sind doch Ochsen, und nicht Affen!«

Herbert grinst. »Ganz richtig, Kokosnuss. Ich wollte unserem Austausch-Äffchen nur einen kleinen Schrecken einjagen, höhö.«

Und dann beantwortet Herbert Jojos Fragen:
Größe: drei Stockwerke hoch
Alter: ungefähr 250
Gewicht: 20 Ochsen
Lieblingsfarbe: ochsenbraun
Jojo schreibt für seinen Bericht alles genau auf.
Danach holt Herbert einen Luftpost-Brief hervor und sagt: »Ich habe übrigens den Postboten getroffen. Den Brief soll ich euch bringen. Muss jetzt weiter, Ochsen jagen.«
Herbert zwinkert dem kleinen Jojo zu und stapft davon.

»Hoffentlich hat mein Papa dich nicht zu sehr erschreckt«, sagt Oskar. »Manchmal ist er ein wenig laut.«
»Hab mich g-gar nicht gefürchtet«, sagt Jojo. »Bei uns in der Savanne ist es viel gefährlicher, zum Beispiel wenn die Löwen Hunger haben, dann schleichen die sich von mehreren Seiten an, und wenn du nicht an den Fluchtweg gedacht hast, dann hast du richtig schlechte Karten, botzi botzi Leberwurst!«
»Was heißt das eigentlich: botzi botzi?«, fragt Oskar.
»Das ist eine Redensart bei uns in der Savanne«, sagt Jojo. »Wenn es schlecht läuft: botzi botzi Leberwurst, wenn es gut läuft: botzi botzi Butterbrot!«
Da ruft Kokosnuss: »Der Brief ist von Matilda!« und liest vor.

Hallo Jungs!

Hier in Afrika ist alles botzi botzi Butterbrot (das bedeutet: Alles Banane!). Jojos Eltern sind schwer in Ordnung, und mit den anderen Tieren komme ich auch gut klar. Ich schreibe jetzt meinen Bericht und führe dafür Interviews mit den Tieren der Savanne. Bei den Elefanten war ich schon. Heute besuche ich die Löwen. Danach interviewe ich einen Büffel und vielleicht auch ein Nashorn.

Tschüss, bis bald!

Matilda

»Au Backe!«, sagt Kokosnuss. »Sie geht zu den Löwen!«

»Hauptsache«, sagt Jojo, »eure Freundin trifft nicht auf den Leoparden. Der ist nämlich gemeingefährlich! Und rennen und schleichen und klettern kann der Leopard richtig gut! Du kannst dich nicht einmal auf einen Baum retten, so gut kann der klettern.«

Oje, denkt Kokosnuss, hoffentlich weiß Matilda das!

»Wie wär's«, fragt der kleine Feuerdrache, »wir besuchen Matilda? Morgen fliegt Eugen doch nach Afrika!«

»Aber«, sagt Jojo, »mein Austauschmonat geht noch bis nächste Woche!«

»Du sollst doch etwas mit Drachen erleben, oder?«, fragt Kokosnuss.

»Öh, stimmt«, sagt Jojo.

»Wir sind Drachen«, sagt Kokosnuss.

»Und wir erleben Abenteuer!«

Jojos Augen leuchten: Abenteuer!

»Also«, sagt Oskar, »ich bin dabei!«

»Ich auch!«, sagt Jojo, holt tief Luft und strahlt.

Die Reise nach Afrika

»Linienflug nach Afrika!«, ruft Eugen. »Alle einsteigen!«

Eugen ist ein großer Gründrache. Er fliegt die Bewohner der Dracheninsel in alle Welt. Für seine Passagiere hat er sich ein kleines Boot auf den Rücken geschnallt.

Einen Tag und eine Nacht lang fliegt Eugen über das Meer. Während des Fluges schreibt Jojo an seinem Bericht. Plötzlich lässt er den Stift fallen und sagt: »Mir ist übel! Der Eugen fliegt so komisch.«

Da meldet sich Eugen: »Was soll das heißen, ich fliege komisch?«

»Das heißt«, sagt Kokosnuss, »dass du hin und her schwankst. Da kann man seekrank werden.«

»Das liegt an den Luftströmungen«, brummt Eugen. »Dafür kann ich nichts. Während des Fluges solltest du nicht lesen und nicht schreiben, sondern einfach geradeaus gucken!«

Und mit einem Mal ist es still in dem kleinen Boot auf dem Rücken des Gründrachen. Kokosnuss und Oskar sind eingedöst, und der Affenjunge Jojo starrt so lange geradeaus, bis auch ihm vor Müdigkeit die Augen zufallen.

Am Ende der Nacht erreichen sie die Küste Afrikas. Eugen überfliegt Wüsten, Buschland und Regenwälder. Die ersten Strahlen der Morgensonne wärmen die Passagiere. Mittlerweile sind alle wieder aufgewacht.

»Ui!«, staunt Oskar. »Eine Elefantenherde!«

»Wo denn?«, fragt Jojo.

»Du hast deine Brille noch nicht auf«, sagt Kokosnuss.

»Huch, stimmt«, sagt Jojo und kramt die Brille hervor.

»Kannst du denn ohne Brille gar nichts sehen?«, fragt Oskar.
»Doch. Bloß, wenn etwas weiter weg ist, sehe ich es nur verschwommen. Alles, was direkt vor meiner Nase ist, kann ich auch ohne Brille gut erkennen. Ich bin nämlich kurzsichtig.«
»Und was ist, wenn man langsichtig ist?«, fragt Oskar.
»Das heißt nicht langsichtig«, erklärt Jojo, »sondern weitsichtig. Jemand, der weitsichtig ist, braucht eine Brille, wenn er zum Beispiel ein Buch lesen möchte. Für die Ferne braucht er keine Brille.«
»Aha«, sagt Oskar. »Dann bin ich kurzsichtig und weitsichtig. Ich brauche nämlich gar keine Brille.«
»Öh, hm«, murmelt Jojo. »Dann bist du eher normalsichtig.«
»Seht, dort unten, der Fluss!«, ruft Kokosnuss. Jojos Augen leuchten. »Dort lebt meine Familie, ich kann sogar unsere Bäume erkennen, die wachsen nämlich am Ufer – das ist der beste

Platz der Welt, besonders für Affen, weil immer genug Wasser da ist und wo Wasser ist, gibt es immer genug zu essen und bei Gefahr können wir blitzschnell in den Baum klettern, denn wir Affen sind die besten Kletterer und …«

»Alle aussteigen!«, ruft Eugen. Inzwischen ist der Gründrache auf dem Landeplatz am großen See eingetroffen.

Als die Passagiere das Rettungsboot verlassen haben, sagt Eugen: »Rückflug in einer Woche, Treffpunkt hier, an Ort und Stelle!« Mit mächtigen Flügelschlägen steigt er wieder in die Luft.

Bei den Löwen

Der Löwe liegt im Schatten eines Baumes und gähnt, als er Jojo und die beiden Drachenjungen kommen sieht.
»Drachen, sieh an«, murmelt er und schüttelt seine mächtige Mähne.
Jojo flüstert Kokosnuss und Oskar zu: »Ihr müsst ›Herr König‹ zu ihm sagen!«
Dann wendet sich der Affenjunge an den Löwen: »Guten Tag, Herr König. Schönes Wetter heute, nicht wahr?«
»Heiß ist es«, brummt der Löwe.
»Haben Sie das Stachelschwein Matilda gesehen?«, fragt Kokosnuss.
Der Löwe mustert den kleinen Drachen und sagt: »Ja, die war hier und hat eine Menge Fragen gestellt. Wollte wissen, warum ich hier unterm Baum liege, während meine Frauen auf der Jagd sind. Und ob es stimmt, dass ich als Erster von der Beute fressen darf.«

»Und?«, fragt Kokosnuss.
»Natürlich darf ich als Erster fressen, was glaubst du denn? Ich bin der König der Tiere! Ich sage immer: Löwe first![1] Und außerdem trage ich die Verantwortung!«
»Wofür?«, fragt Kokosnuss.
»Für alles«, antwortet der Löwe.
»Oh«, sagt Oskar. «Das ist viel.«
»Du gefällst mir«, sagt der Löwe zu Oskar. »Du verstehst etwas von Verantwortung und hast spitze Zähne.«

[1] First ist Englisch, es wird *först* ausgesprochen. *Löwe first!* bedeutet *Löwe als Erster!* oder *Zuerst ist der Löwe dran!*

Der Löwe stößt ein mächtiges Gebrüll hervor.
»Gut gebrüllt, Löwe!«, sagt Kokosnuss.[2]
»Hähä«, grinst der Löwe. »Ich sage immer: Brüllen ist Trumpf!«
»Wissen Sie, wohin Matilda gegangen ist?«, fragt Kokosnuss.
»Sie wollte den Büffel besuchen, glaube ich.«
In diesem Moment erschrickt Jojo. Die Löwinnen sind zurückgekehrt! Lautlos haben sie sich angeschlichen und belauern die Freunde. Sie sind beinahe so groß wie der Löwe, und ihre Augen funkeln gefährlich.
»Hallöchen!«, sagt Oskar und winkt den Löwinnen freundlich zu.
Diese aber blicken noch finsterer drein als zuvor. Der Löwe knurrt die Löwinnen an. »Sagt bloß, ihr kommt mit leeren Pranken von der Jagd?«
»Das ist Renates Schuld«, sagt die Löwin Gudrun. »Sie ist mal wieder zu früh losgerannt.«

[2] *Gut gebrüllt, Löwe!* ist ein Ausspruch in der Komödie *Ein Sommernachtstraum* von William Shakespeare; *Gut gebrüllt, Löwe!* heißt auch ein Kinderbuch von Max Kruse.

»Gar nicht wahr!«, protestiert Renate. »Ihr habt falsch im Wind gestanden und die Antilope hat uns bemerkt!«
»Ist jetzt egal«, sagt Gisela, die dritte Löwin, und wirft den Freunden einen bedrohlichen Blick zu. »Unser Essen steht doch vor uns.«
Kokosnuss und Oskar knurren die Löwinnen an, doch Jojo flüstert: »Wartet, ich pfeife Hilfe herbei!«
Der Affenjunge stößt einen lauten Pfiff aus.
»Was soll das Gepfeife?!«, brüllt der Löwe.
Da fletscht Oskar die Zähne, und Kokosnuss speit einen Feuerstrahl in die Luft. Die Löwinnen weichen zurück. Auch der Löwe ist beeindruckt.
Ein kleiner Drache, der Feuer speit!

»Nun gut«, sagt der Löwe majestätisch. »Mein Vorschlag: Ihr dürft gehen und der Affe bleibt hier. Dann haben alle etwas davon: Wir haben unser Essen und ihr habt keinen Stress. Was haltet ihr davon?«
Kokosnuss schüttelt den Kopf und sagt: »Von diesem Vorschlag halten wir überhaupt nichts!«
»G-genau!«, sagt Jojo. »*Ihr* habt dann vielleicht keinen Stress, aber *ich* habe dann ganz viel Stress, weil ich dann gefressen werde!«
»Alle für einen, einer für alle!«, sagt Kokosnuss.
»Und drei gegen vier!«, sagt Oskar.
Wieder speit Kokosnuss einen Feuerstrahl in die Luft. Der Löwe zuckt zusammen, die Löwinnen aber knurren bedrohlich.
In diesem Moment nähert sich mit lautem Trompeten eine Herde Elefanten. Erschrocken springen die Löwinnen zu ihrem Anführer unter den Baum.
Ein mächtiger Elefantenbulle erreicht als Erster den Platz, richtet seine riesigen Stoßzähne auf das Löwenrudel und sagt: »Jojo, du hast gepfiffen. Gibt's Probleme?«

»Die Löwen«, sagt Jojo, »wollen mich fressen.«
Der Bulle funkelt die Löwen wütend an. Das Löwenrudel rückt enger zusammen. Mit einer Elefantenherde will sich niemand anlegen.
»Nun, äh«, sagt der Löwe und wedelt beschwichtigend mit seinen Pranken. »Missverständnis. Kein Problem. Friede, Freude, Eierkuchen. Wir, ehm, wir haben Hunger und …«
»Ihr habt Hunger?!«, donnert der Elefantenbulle.
»Ja, äh, ein bisschen, ein, äh, klitze-klitze-klitzekleinwenig Hunger. Ein Hüngerchen, sozusagen.«
»Dann knabbert doch zur Abwechslung einmal an einer saftigen Baumrinde oder fresst frisches Gras!«
Der Löwe verzieht sein Maul. »Ich bitte dich! Löwen fressen doch kein Gras! Wir haben Pranken und Reißzähne, wir brauchen anständiges Fleisch zwischen die Beißerchen. Und ich bin ja König und …«
»König?«, blafft der Elefant den Löwen an. »Was soll das heißen?«
»Na ja, äh, sagt man doch so: *Löwe, König der*

Tiere. Ich, ehm, bin ja nicht wirklich der König *aller* Tiere … also, klar, ihr Elefanten …«
»Wir müssten jetzt weiter«, unterbricht Kokosnuss den Löwen.
»Klar, verstehe ich«, sagt der Löwe schnell.
»Und Jojo kommt mit uns«, sagt Kokosnuss.
»Sicher doch«, sagt der Löwe und nickt eifrig.
»Nichts für ungut. Zum Büffel geht's da lang!«

Burkhard und Nudel

Ein junger Elefant bringt die Freunde bis zu einem schlammigen Wasserloch, aus dem ein paar Büffel-Hörner und ein paar Nashorn-Hörner hervorragen.
»Das sind Burkhard Büffel und Nudel Nashorn«, sagt Jojo. »Die beiden lieben Schlammbäder, weil das so schön kühlt und der Schlamm ihre Haut vor der Sonne schützt und weil sie Wasser sowieso unheimlich gerne mögen, und außerdem können sie dabei gleich trinken, es sind ja mächtig große Tiere, und die müssen viel trinken, besonders wenn es so heiß ist wie in unserer Savanne und …«
»Luft holen, Jojo!«, sagt Oskar.
Jojo holt Luft und sagt: »Burkhard und Nudel sind dicke Freunde. Sie sind in Ordnung, aber wir dürfen nicht gleich mit der Tür ins Haus fallen.«

»Welche Tür?«, fragt Oskar.
»Das ist eine Redewendung«, erklärt Jojo. »Das bedeutet, wir sollten die beiden nicht sofort nach Matilda fragen, sondern erst einmal über alles Mögliche reden wie zum Beispiel über das Wetter oder die Savanne im Allgemeinen oder über Bananen oder so.«
Als der Elefant sie abgesetzt hat, begrüßt Jojo den Büffel und das Nashorn: »Tag auch, die Herren!«
Langsam tauchen die Köpfe der beiden Dickhäuter aus dem trüben Wasser auf.

»Wer stört?«, fragt Nudel Nashorn.
»Ich bin's, der Jojo«, sagt der kleine Affe. »Ich habe zwei Freunde mitgebracht. Es sind Drachen.«
»Hmpf«, brummt Burkhard Büffel. »Drachen? Gibt's die wirklich?«
»Klar gibt es uns, sonst wären wir ja nicht hier!«, sagt Kokosnuss.
Da meldet sich Oskar: »Schönes Wetter heute, und die Savanne im Allgemeinen ist ja eine tolle Sache, wirklich Banane hier und so!«
Das Nashorn und der Büffel blicken einander an.
»Ähm, ja«, sagt Jojo. »Also, wie geht's denn so?«
»Wie soll's schon gehen?«, brummt Nudel.
»Muss halt«, brummt Burkhard.
»Haha!«, lacht Jojo. »Das ist lustig, das sagt mein Onkel auch immer: *Muss halt,* hihihi, da frage ich mich immer, was er eigentlich meint, vielleicht meint er *Kuchen backen* oder *Früchte sammeln* oder *Pipi machen* oder *Rückengymnastik* oder *Hausaufgaben* oder …«
»Luft holen, Jojo!«, sagen Kokosnuss und Oskar wie aus einem Mund.

Wieder werfen Nudel und Burkhard einander einen Blick zu.

»Nun, also«, sagt Jojo und räuspert sich. »Wir wollen euch gar nicht groß stören, aber es wäre furchtbar nett von euch, wenn ihr uns eine Frage beantworten würdet, die Frage ist nämlich wichtig!«

»Aha«, brummt Burkhard.

»Schieß los!«, sagt Nudel.

»War unsere Freundin Matilda hier?«, fragt Kokosnuss.

»Jöh«, brummt Burkhard. »Hat uns Löcher in den Bauch gefragt.«

»Interview!«, sagt Oskar.

»Genau«, sagt Burkhard. »So hieß das. Für einen Bericht.«

»Stellt euch vor«, sagt Nudel, »sie wollte zum Leoparden!«

Kokosnuss, Oskar und Jojo trauen ihren Ohren nicht: zum Leoparden?!

»Sehr mutig!«, sagt Burkhard. »Der Leopard ist nämlich eine Übelgurke.«

»Ein Stinkstiefel«, sagt Nudel.
»Ein Finsterling«, sagt Burkhard.
Kokosnuss bekommt plötzlich Angst um Matilda, und gleichzeitig ist er furchtbar wütend: Wehe, dieser Leopard tut Matilda etwas!
»Wo finden wir den Leoparden?«, fragt der kleine Drache.
»Der wohnt oben am Regenwald«, sagt Burkhard.
»Was ziemlich merkwürdig ist«, sagt Nudel.
»Wieso merkwürdig?«, fragt Kokosnuss.
»Normalerweise«, sagt Burkhard, »haben Leoparden keinen festen Wohnsitz, aber der hängt immer da oben bei den Felsen herum.«
»Also, auf zu den Felsen am Regenwald!«, sagt Kokosnuss.

Rauchzeichen

Matildas Spuren führen tatsächlich hinauf zum Regenwald. Immer wieder überfliegt Kokosnuss die Savanne und den Waldrand, doch von Matilda ist nichts zu sehen. Die Wälder sind undurchdringlich dunkel. Kokosnuss hat einen Kloß im Hals.

Was, wenn wir Matilda nicht finden? Vielleicht hat der Leopard sie schon gefangen genommen, oder noch Schlimmeres ist passiert! Zum Glück bin ich nicht allein, denkt der kleine Drache. Auf Oskar kann man sich verlassen, und auf Jojo auch. Zu dritt werden wir diesen Leoparden schon besiegen!

»Da sind Rauchzeichen!«, ruft Oskar aufgeregt und zeigt zum Regenwald.

Dort, wo der Wald beginnt, steigen kleine Rauchwolken in den Himmel.

Oskar kneift die Augen zusammen und liest: »*Ich bin ein Sta … ein Sta …* hm, der Rest ist unleserlich. Halt, da kommt noch etwas hinterher: *Holt mich hier raus!*«[3]

»Warte!«, sagt Kokosnuss und holt ein Fernrohr aus seiner Tasche. »Ich bin ein *Sta … chelschwein …* da steht *Stachelschwein*! *Ich bin ein Stachelschwein – Holt mich hier raus!*«

»Botzi botzi Butterbrot!«, ruft Jojo.

[3] Rauchzeichen kennen Kokosnuss, Matilda und Oskar von ihrem Abenteuer *Der kleine Drache Kokosnuss reist um die Welt*.

Kokosnuss' Herz macht einen Hüpfer: Matilda ist nicht aufgefressen worden! Aber sie ist in Schwierigkeiten!

»Ich fliege los, kommt ihr nach?«, ruft der kleine Drache, breitet seine Flügel aus und ist schon in der Luft.

»Sowieso!«, sagt Oskar. »Einer für alle und alle für einen und drei für eine und eine für alle drei und sechs Komma acht!«

Die Rauchzeichen steigen von einem schmalen Felsplateau am Rande des Regenwaldes auf. Zur einen Seite erheben sich mächtige Urwaldbäume, an denen sich unzählige Lianen ranken. Zur anderen Seite öffnet sich die weite Savannenlandschaft.

Vorsichtig fliegt Kokosnuss näher an die Rauchzeichen heran. Sie kommen aus einer Felsspalte des Plateaus.

Aus dem Wald dringen unzählige Geräusche: Gekreuche und Gefleuche, Geraschel und Geflatter, Gepiepse und Gesummse, Gekrabbel und Gebrabbel.

Ohne zu zögern, fliegt Kokosnuss in die Felsspalte hinein.
»Matilda?«, ruft er.
»Kokosnuss?«
Tatsächlich: Unten am Boden steht Matilda an einem kleinen Feuer.
»Bist du verletzt?«, fragt der kleine Drache atemlos.
»Alles paletti«, sagt Matilda. »Aber wie kommst du denn hierher?«
Kokosnuss drückt das Stachelschwein erleichtert an sich. Dann berichtet er von der Reise nach Afrika und dass Oskar und Jojo auch hierher unterwegs sind.

»Wie bist du denn in diese Spalte geraten?«, fragt der kleine Drache.

»Das war eine Falle«, sagt Matilda. »Die Felsspalte war mit Blättern und Zweigen zugedeckt. Und guck einmal, was hier alles auf dem Boden herumliegt!«

Kokosnuss traut seinen Augen nicht: Der Boden ist übersät mit Knochen. Au Backe!

»Jemand lockt Tiere hierher«, sagt Matilda, »und frisst sie dann auf.«

Kokosnuss bekommt weiche Knie: der Leopard!

»Komm, Matilda, wir machen die Fliege!«

Matilda klettert auf Kokosnuss' Rücken. Mit Mühe flattert der kleine Drache nach oben und landet ächzend an der Kante der Felsspalte.

»Puh, du wirst immer schwerer!«, sagt er.

»Ich wachse halt schneller als du«, sagt Matilda.

Plötzlich verstummen alle Dschungelgeräusche: Die Vögel zwitschern nicht mehr, kein Rascheln und kein Krabbeln mehr. Sogar die Blätter der Bäume und Pflanzen scheinen still zu stehen. Hinter einem Baum kommt lautlos ein großer schwarzer Leopard hervor – ein Panther! Seine Augen blitzen gelb, unter seinem glänzend schwarzen Fell zeichnen sich mächtige Muskeln ab, und aus seinem Maul ragen furchterregende Reißzähne.

In aller Ruhe baut er sich vor Kokosnuss und Matilda auf und sagt: »Wie schön. Mein Abendessen.«

Der Panther

Kokosnuss hat es die Sprache verschlagen, doch Matilda hebt die Arme und fragt: »Sind Sie der Leopard?«

»Wer soll ich denn sonst sein?«

»Na ja … Sie sind schwarz«, sagt Matilda.

»Und? Hast du etwas dagegen?«, zischt der Panther.

»Nein, nein, nur dachte ich, dass Leoparden ein gelb-schwarz gepunktetes Fell haben.«

»Hab ich«, brummt der Panther. »Nur eben schwarz.«

»Sieht gut aus!«, meldet sich Kokosnuss.

»Findest du?«, sagt der Panther geschmeichelt, doch dann kneift er die Augen zusammen und sagt: »Wer bist du überhaupt?«

»Kokosnuss, Feuerdrache«, sagt Kokosnuss.

»Feuerdrache?«, faucht der Panther. »Was soll das denn sein?«

»Ich kann Feuer speien«, sagt Kokosnuss.

Da lacht der Panther, doch als Kokosnuss einen Feuerstrahl in die Luft speit, weicht er erschrocken zurück. Im selben Moment schnellt er nach vorn, reißt sein Maul auf und stößt ein so fürchterliches Gebrüll aus, dass Kokosnuss und Matilda ein Riesenschrecken in die Glieder fährt.
»Feuer hin, Feuer her!«, brüllt der Panther. »Mit einem Drachen und einem Stinktier werde ich noch lange fertig!«
»Ich bin doch kein Stinktier«, sagt Matilda empört. »Weißt du nicht, wie ein Stachelschwein aussieht?«

»Meinte ich doch!«, brummt der Panther unwirsch. »Hab mich nur versprochen.«
Au Weia, denkt Kokosnuss, mit dem ist nicht zu spaßen. Wo bleiben nur Oskar und Jojo? Oskar wird mit diesem Panther schon fertigwerden.
Der kleine Drache blickt zur Savanne hinüber. Sie sind nicht mehr weit! Kokosnuss kann sogar schon Oskars Zähne leuchten sehen.
Der Panther folgt Kokosnuss' Blick, kneift die Augen zusammen und sagt: »Was gibt's denn da zu sehen?«

»Öh, nichts«, sagt Kokosnuss schnell.
Plötzlich versetzt der Panther Kokosnuss und Matilda einen Hieb mit seiner mächtigen Pranke. Völlig überrumpelt, verlieren die beiden das Gleichgewicht und stürzen in die Felsspalte.
Der Panther blickt über den Rand, grinst und sagt: »Da unten bleibt ihr schön frisch. Zum Abendessen leiste ich euch Gesellschaft, hehe.«
Wütend flüstert Matilda: »Dieser Grobian hat ja überhaupt keine Manieren!«
»Ich glaube«, sagt Kokosnuss, »ich habe mir den Flügel verstaucht.«
»Auch das noch!«, sagt Matilda verzweifelt. »Wie sollen wir jetzt hier wieder herauskommen?«
Kokosnuss seufzt und sagt: »Fliegen geht schon mal nicht.«
»Und Klettern habe ich schon versucht«, sagt Matilda. »Da kommt höchstens ein Affe hinauf.«
In diesem Moment hören sie oben ein Schreien und Kreischen, dann purzelt ein kleiner Affe zu ihnen herab.
Matilda staunt: »Ein Affe!«

»Das ist Jojo«, sagt Kokosnuss. »Er ist der Austauschschüler aus Afrika. Stimmt, ihr kennt euch ja noch gar nicht.«
Jojo reibt sich den Hintern, aber er scheint unversehrt zu sein.
Da hören sie oben ein Raufen und Rangeln und Fauchen und Brüllen. Dann fällt Oskar herunter.
»Aua!«, ruft der kleine Fressdrache empört.
»Oskar!«, sagt Matilda freudig. »Hast du dich verletzt?«
»Alles in Butter«, sagt Oskar. »Dieser Panther ist ja eine schlimme Socke! Ohne zu fragen, hat der

uns einfach geboxt! Der hatte gar keine Angst vor mir. Dabei bin ich ein Fressdrache!«

»Vielleicht«, sagt Kokosnuss, »hat er deine Zähne nicht gesehen.«

»Wieso? Die sind wie immer blank geputzt! Die sieht doch jeder!«

Merkwürdig, denkt Kokosnuss. Warum hat der Panther Oskar und Jojo nicht kommen sehen? Die beiden waren doch schon ganz nahe. Und Oskars Zähne flößen normalerweise jedem Raubtier Respekt ein. Der Panther scheint sie gar nicht bemerkt zu haben …

Jojo flüstert mit zitternder Stimme: »B-bald wird es d-dunkel, und dann kommt er und wird uns fressen! Und ich kann nicht einmal die Elefanten herbeipfeifen, die sind viel zu weit weg.«

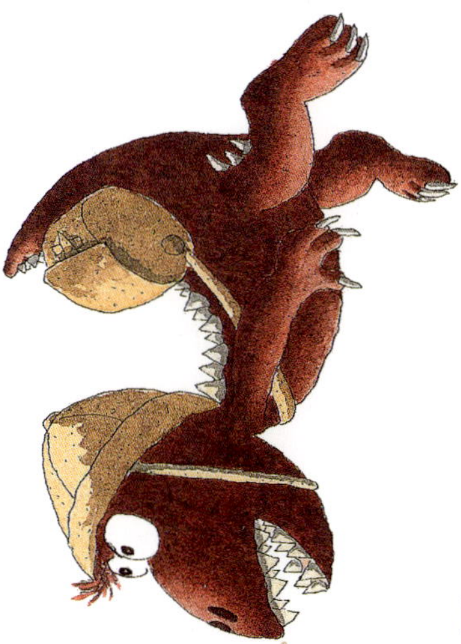

»Aber«, sagt Kokosnuss, »du könntest hier hinausklettern.«

»Zu diesem Ungetüm? Ich bin doch nicht lebensmüde!«
»Wir werden den Panther solange ablenken.«
»Wie wollt ihr das denn anstellen?«, fragt Jojo.
Kokosnuss flüstert den anderen seinen Plan zu.
Jojo blickt an den Felsen empor und sagt:
»D-dann muss ich a-aber ganz schön leise sein.«
»Am besten lautlos, wenn du mich fragst«, sagt Oskar.
»Ziemlich riskanter Plan«, sagt Matilda. »Was tun wir, wenn der Panther uns erwischt?«
»Dann hätte ich einen Plan B«, sagt Kokosnuss.
Aber diesen Plan behält er für sich.

Plan B

Der Nachmittag ist angebrochen, die Sonne flimmert über dem weiten Horizont der Savanne. Am Rande des Regenwalds fährt ein warmer Wind durch die mächtigen Bäume. Der Panther hat es sich gerade im Schatten bequem gemacht und wartet darauf, dass er hungrig wird. Da dringt aus der Felsspalte Matildas Stimme herauf: »Heda, Herr Panther! Könnten Sie einmal kommen?«

Der Panther blickt auf. Was wollen die nun schon wieder? Träge tapst er zum Rand der Felsspalte und blickt hinab. Im Halbdunkel der felsigen Tiefe erkennt er die beiden Drachentiere und das Stachelschwein.

»Wo ist denn der Affe?«, fragt er grimmig.

Da meldet sich Kokosnuss: »Der hält ein Nickerchen. Die ganze Sache hat ihn ziemlich aufgeregt.«

Der Panther grinst und sagt: »Soll er ruhig sein Nickerchen machen. Es wird sein letztes sein, hehehe. Also, was gibt's?«

»Für meinen Bericht«, sagt Matilda, »würde ich Sie gern interviewen.«
»Interviewen?«, wiederholt der Panther.
»Ja, der Bericht erscheint dann im ›Drachenkurier‹. Das ist die Zeitung der Dracheninsel. Da kommen Sie ganz groß raus!«
»Öhm…«, murmelt der Panther. »Aber… nun ja, wenn ich dich nachher fresse, dann kannst du den Bericht ja gar nicht schreiben.«
»Genau«, sagt Matilda. »Und deshalb sollten Sie mich am besten überhaupt nicht fressen, auch die anderen nicht, denn die helfen mir ja bei dem Bericht.«
Da lacht der Panther und sagt: »Netter Versuch. Kannste knicken!«
Plötzlich spitzt er die Ohren. War da nicht ein Geräusch? Er schnüffelt den Boden ab. Da – eine Affenspur, ganz frisch! Sie führt vom Rand der Felsspalte in den Regenwald hinein.
Wütend fährt der Panther herum und brüllt: »Ihr habt mich ausgetrickst! Der Affe ist entwischt! Aber den kriege ich, der kommt nicht weit!«

Mit wenigen Sätzen ist die große Raubkatze im Wald verschwunden.
»Oh nein«, sagt Matilda.
Kokosnuss blickt besorgt nach oben. Hoffentlich kann Jojo dem Panther entkommen.
Kurze Zeit später hören die Freunde ein leises Getrappel. Jojo erscheint oben am Rand der Felsspalte und sagt: »Ich habe ihn abgehängt und eine falsche Fährte gelegt. Er sucht mich jetzt im Wald.«
»Schnell!«, sagt Kokosnuss. »Hol eine Liane!«
»Schon passiert«, sagt Jojo und lässt eine Liane hinab.

Nacheinander klettern Matilda, Oskar und Kokosnuss daran hoch. Oben klopfen sie Jojo auf die Schulter. Der Affenjunge errötet vor Stolz und sagt: »Ich bin ganz schön durch den Regenwald geflitzt, sage ich euch, Bäume rauf und runter, immer im Zickzack, eine große Schleife gedreht, und jetzt läuft der Panther die Schleife ungefähr zum dritten Mal, und wenn …«

Plötzlich raschelt es im nahen Unterholz. Erschrocken blicken die Freunde zum Wald hinüber.

»D-das war nur der W-Wind«, stottert Jojo.

»Wir sollten jetzt lieber schnell verschwinden!«, sagt Kokosnuss.

Da ertönt eine tiefe Stimme: »Zu spät!«

Den Freunden stockt der Atem. Nur wenige Schritte entfernt löst sich der große Panther aus dem Schatten eines Baumriesen.

Blitzschnell flitzt Jojo in die Felsspalte hinein und blickt ängstlich über den Rand. Kokosnuss, Matilda und Oskar bleiben wie angewurzelt stehen.

Der Panther seufzt und sagt: »Ihr seid wirklich ein paar freche Rüben. Eigentlich müsste ich euch sofort auffressen, aber dafür bin ich leider nicht hungrig genug. *Noch* nicht, hehe. Deshalb husch, husch, zurück in die Falle!«
Jojo krallt sich zitternd an der Felskante fest. Oskar und Matilda blicken zu Kokosnuss.

»Wie geht denn dein Plan B?«, flüstert das Stachelschwein.
Der Panther spitzt die Ohren und brummt: »Was soll das heißen – Plan B? Was meint ihr mit Plan B? Plan Berta? Plan Biberbutze? Butterbrot? Bunsenbrenner? Bimmelbahn? Sag schon!«

Kokosnuss räuspert sich und sagt: »Plan B ist eigentlich eine Wette.«
»Was für eine Wette?«, zischt der Panther ungeduldig.
»Ich wette«, sagt Kokosnuss, »dass du die Welt gleich mit anderen Augen sehen wirst!«
»Was soll das denn? Mit anderen Augen? Und dann?«
»Wenn ich recht habe, lässt du uns frei? Einverstanden?«

»Euch freilassen? Wie komme ich denn dazu? Du hast wohl nicht mehr alle Blätter am Baum!«[4]
Kokosnuss verschränkt seine Arme vor der Brust und sagt: »Gut, dann eben kein Plan B. Guten Appetit.«

Die anderen schauen den kleinen Drachen entgeistert an, auch der Panther.

»So nicht, mein Freundchen!«, sagt die Raubkatze. »Sag jetzt sofort, was du damit meinst: *die Welt mit anderen Augen sehen!*«

»Nö.«

»Grrrr!«, knurrt der Panther wütend. »Na gut, hmpfgrmbl[5].«

»Wenn ich recht habe, dann lässt du uns frei?«, fragt Kokosnuss.

»Hmpfgrmbl, hmpfgrmbl ... ja, einverstanden«, brummt der Panther.

Kokosnuss geht zu Jojo und flüstert ihm etwas ins Ohr.

[4] Eigentlich heißt es *Du hast wohl nicht mehr alle Tassen im Schrank!*, aber im Regenwald passen Blätter besser als Tassen.

[5] Das wird *hümpfgrümbel* ausgesprochen.

»Wie? Ich soll was?«, sagt der Affenjunge empört.
Wieder flüstert Kokosnuss ihm ins Ohr.
Jojo seufzt, klettert hervor, nimmt seine Brille ab und hält sie dem Panther hin.
»Was soll ich damit?«, fragt der Panther.
»Aufsetzen!«, sagt Kokosnuss.
»Tut das weh?«, fragt der Panther.
»Ich glaube nicht«, sagt Kokosnuss.

»Nee, tut nicht weh«, sagt Jojo.
Vorsichtig setzt der Panther Jojos Brille auf. Kaum blickt er durch die Gläser, brüllt er los und springt erschrocken in einen Busch.
»Was hat er denn?«, fragt Oskar.
»Wo ist er denn?«, fragt Jojo.
Der Panther lugt aus dem Busch hervor und betrachtet erst die Umgebung, dann Jojo, Matilda, Kokosnuss und zuletzt Oskar. Als er Oskars Zähne sieht, zuckt er zusammen und sagt: »Huch, du hast aber tolle Zähne!«
»Und?«, fragt Kokosnuss. »Siehst du die Welt jetzt mit anderen Augen?«
Der Panther blickt in die Weite der Savanne. Mit der Brille kann er plötzlich alles ganz genau erkennen, sogar die Bäume am Fluss. Die waren für ihn bisher nur verschwommene dunkle Flecken gewesen.
»Du hattest recht, kleiner Drache«, sagt die Raubkatze.
»Dann haben wir die Wette gewonnen, und du lässt uns frei?«

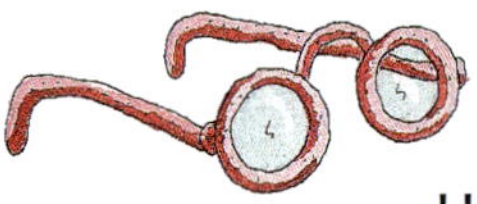

»Öh, wenn ... also ...«, sagt der Panther und blickt verstohlen zu Jojo hinüber, »wenn ich die Brille behalten darf?«
»M-meine Brille?!«, ruft Jojo. Doch dann überlegt er, dass das eigentlich kein so schlechter Tausch ist: Brille gegen Leben. »Einverstanden«, sagt der kleine Affe.
Zum ersten Mal huscht ein Lächeln über das Gesicht des Panthers. Doch plötzlich fragt er unsicher: »Steht mir die Brille denn? Ich meine, ein Panther mit Brille? Werde ich dann nicht ausgelacht?«
»Die steht dir super!«, sagt Kokosnuss.
»Das Rot der Brille«, sagt Oskar, »passt ganz toll zu deinem schwarzen Fell.«
»Meint ihr wirklich?«
»Sieht schick aus!«, sagt Matilda.
»Todschick«, sagt Kokosnuss. »Äh, ich meine, richtig gut schick!«
Der Panther richtet sich auf und schreitet elegant hinter dem Busch hervor. Dabei blickt er sich immer wieder nach allen Seiten um und staunt

jedes Mal erneut, wie klar und deutlich er nun alles sehen kann, sogar die kleinsten Blätter an den Bäumen!

So betritt der große schwarze Panther mit der roten Brille den Regenwald, erst zögernd und langsam, alles genau betrachtend, als wenn er die Bäume, das Blattwerk, die Büsche, die Lianen und die Vögel zum ersten Mal in seinem Raubtierleben sehen würde. Dann aber, mit einem Mal, huscht er lautlos ins Dickicht und verschwindet im dichten Grün des Urwalds.

Bei den Affen

Die Freunde verharren am Rand des Waldes. Nach einer Weile fragt Jojo: »Ist er weg?«
»Den«, sagt Matilda, »sehen wir so schnell nicht wieder.«
»Puh«, seufzt Kokosnuss erleichtert. »Lasst uns jetzt lieber gehen, bevor der Panther es sich doch noch anders überlegt.«
So nehmen die Freunde ihr Gepäck und machen sich auf den Rückweg. Die Sonne steht nun tief über dem Horizont und taucht die Savanne in ein leuchtendes Abendrot.

»Kokosnuss«, sagt Matilda, »dein Plan B war spitze! Jetzt verstehe ich auch, warum der Panther dort an der Felsspalte gelebt hat. Der ist so kurzsichtig, dass er keine Tiere jagen konnte. Ohne die Falle wäre er wahrscheinlich verhungert.«

»Mir ist gar nicht aufgefallen, dass er kurzsichtig ist«, sagt Oskar.

»Zuerst hatte mich gewundert«, sagt Kokosnuss, »dass er dachte, Matilda sei ein Stinktier. Doch als er euch in der Savanne nicht gesehen hat, obwohl ihr schon ganz nah wart, war die Sache für mich klar. Da habe ich gleich an Jojos Brille gedacht.«

»Zu Hause werde ich eine neue bestellen«, sagt Jojo. »Wenn alles so undeutlich ist, fühle ich mich gar nicht wohl.«

»Nur blöd, dass ich kein Interview mit dem Panther geführt habe«, sagt Matilda.

»Schreib doch die Geschichte vom kurzsichtigen Panther!«, sagt Oskar.

Verwundert blickt Matilda Oskar an. »Oskar!

Manchmal hast du richtig gute Ideen. Die Geschichte vom kurzsichtigen Panther – super!«

Am späten Abend haben die Freunde die Affenbäume am Fluss erreicht. Jojo erkennt seine Eltern auch ohne Brille. Er springt ihnen vor lauter Wiedersehensfreude in die Arme und drückt sie ganz fest. Noch in derselben Nacht sitzen Kokosnuss, Matilda, Oskar und Jojo mit der ganzen Affenfamilie am Lagerfeuer und berichten von ihrem Abenteuer.
»Der Leopard«, sagt Jojo, »ist eigentlich ein schwarzer Panther, und der war, botzi botzi Leberwurst, ein übler Stinkstiefel, weil er nämlich kurzsichtig ist, und das hat Kokosnuss gemerkt und dann habe ich dem Panther meine Brille geschenkt und dann, botzi botzi Butterbrot …«
»Jojo!«, rufen die anderen.
»Ja?«
»Luft holen!«

Und so endet die Geschichte von Kokosnuss, Matilda und Oskar bei den wilden Tieren in Afrika.

Bevor die drei Freunde mit Eugen zur Dracheninsel zurückgeflogen sind, haben sie noch eine Woche bei den Affen am Fluss verbracht. Jojo hat eine neue Brille bekommen, Matilda hat die Geschichte vom kurzsichtigen Panther geschrieben, Oskar hat sich mit dem Löwenrudel angefreundet und Kokosnuss musste dauernd die Affenkinder spazieren fliegen. Und dann war da noch die Sache mit den Flusspferden ... aber das ist eine andere Geschichte.

Foto: privat

Ingo Siegner, 1965 geboren, wuchs in Großburgwedel auf. Schon als Kind erfand er gerne Geschichten. Später brachte er sich das Zeichnen bei. Mit seinen Büchern vom kleinen Drachen Kokosnuss, die in viele Sprachen übersetzt sind, eroberte er auf Anhieb die Herzen der jungen LeserInnen. Ingo Siegner lebt als Autor und Illustrator in Hannover.

Alle Kokosnuss-Abenteuer auf einen Blick:

0. Der kleine Drache Kokosnuss reist um die Welt
(groß: 978-3-570-17981-9 und klein: 978-3-570-17980-2)
1. Der kleine Drache Kokosnuss kommt in die Schule (978-3-570-12716-2)
2. Der kleine Drache Kokosnuss – Hab keine Angst! (978-3-570-12806-0)
3. Der kleine Drache Kokosnuss und der große Zauberer (978-3-570-12807-7)
4. Der kleine Drache Kokosnuss und der schwarze Ritter (978-3-570-12808-4)
5. Der kleine Drache Kokosnuss – Schulfest auf dem Feuerfelsen
(978-3-570-12941-8)
6. Der kleine Drache Kokosnuss – Seine ersten Abenteuer
(groß: 978-3-570-17566-8 und klein: 978-3-570-17567-5)
7. Der kleine Drache Kokosnuss feiert Weihnachten
(groß: 978-3-570-17565-1 und klein: 978-3-570-17564-4)
8. Der kleine Drache Kokosnuss und die Wetterhexe (978-3-570-12942-5)
9. Der kleine Drache Kokosnuss und die wilden Piraten (978-3-570-13437-5)
10. Der kleine Drache Kokosnuss im Spukschloss (978-3-570-13039-1)
11. Der kleine Drache Kokosnuss und der Schatz im Dschungel
(978-3-570-13645-4)
12. Der kleine Drache Kokosnuss und das Vampir-Abenteuer
(978-3-570-13702-4)
13. Der kleine Drache Kokosnuss und das Geheimnis der Mumie
(978-3-570-13703-1)
14. Der kleine Drache Kokosnuss und die starken Wikinger
(978-3-570-13704-8)
15. Der kleine Drache Kokosnuss auf der Suche nach Atlantis
(978-3-570-15280-5)

16. Der kleine Drache Kokosnuss bei den Indianern (978-3-570-15281-2)
17. Der kleine Drache Kokosnuss im Weltraum (978-3-570-15283-6)
18. Der kleine Drache Kokosnuss reist in die Steinzeit (978-3-570-15282-9)
19. Der kleine Drache Kokosnuss – Schulausflug ins Abenteuer (978-3-570-15637-7)
20. Der kleine Drache Kokosnuss bei den Dinosauriern (978-3-570-15660-5)
21. Der kleine Drache Kokosnuss und der geheimnisvolle Tempel (978-3-570-15829-6)
22. Der kleine Drache Kokosnuss und die Reise zum Nordpol (978-3-570-15863-0)
23. Der kleine Drache Kokosnuss – Expedition auf dem Nil (978-3-570-15978-1)
24. Der kleine Drache Kokosnuss – Vulkan-Alarm auf der Dracheninsel (978-3-570-17303-9)
25. Der kleine Drache Kokosnuss bei den wilden Tieren (978-3-570-17422-7)
26. Der kleine Drache Kokosnuss und der Zauberschüler (978-3-570-17569-9)
27. Der kleine Drache Kokosnuss bei den Römern (978-3-570-17656-6)
28. Der kleine Drache Kokosnuss und der chinesische Drache (978-3-570-17734-1)
29. Der kleine Drache Kokosnuss und die Drachenprüfung (978-3-570-17829-4)
30. Der kleine Drache Kokosnuss in Australien (978-3-570-17976-5)
31. Der kleine Drache Kokosnuss – Aufregung in der Drachenschule (978-3-570-18068-6)
32. Der kleine Drache Kokosnuss bei den alten Griechen (978-3-570-18143-0)